BEI GRIN MACHT SICH IHR WISSEN BEZAHLT

- Wir veröffentlichen Ihre Hausarbeit,
  Bachelor- und Masterarbeit

- Ihr eigenes eBook und Buch -
  weltweit in allen wichtigen Shops

- Verdienen Sie an jedem Verkauf

Jetzt bei www.GRIN.com hochladen und kostenlos publizieren

Bibliografische Information der Deutschen Nationalbibliothek:

Die Deutsche Bibliothek verzeichnet diese Publikation in der Deutschen National-
bibliografie; detaillierte bibliografische Daten sind im Internet über http://dnb.d-
nb.de/ abrufbar.

Impressum:

Copyright © 2016 GRIN Verlag, Open Publishing GmbH
Druck und Bindung: Books on Demand GmbH, Norderstedt Germany
ISBN: 9783656987260

Dieses Buch bei GRIN:

http://www.grin.com/de/e-book/319035/gesellschaftspsychologische-betrachtungen-
religioeser-einfluesse-bei-ibn

Ali Seckin

Gesellschaftspsychologische Betrachtungen religiöser Einflüsse bei Ibn Khaldūn und Gustave Le Bon

GRIN Verlag

GRIN - Your knowledge has value

Der GRIN Verlag publiziert seit 1998 wissenschaftliche Arbeiten von Studenten, Hochschullehrern und anderen Akademikern als eBook und gedrucktes Buch. Die Verlagswebsite www.grin.com ist die ideale Plattform zur Veröffentlichung von Hausarbeiten, Abschlussarbeiten, wissenschaftlichen Aufsätzen, Dissertationen und Fachbüchern.

Besuchen Sie uns im Internet:

http://www.grin.com/

http://www.facebook.com/grincom

http://www.twitter.com/grin_com

Westfälische Wilhelms-Universität Münster

Zentrum für Islamische Theologie

Modulprüfung: Islamische Religionssoziologie u. Religionspsychologie

Wintersemester 2015/2016

Soziologische und gesellschaftspsychologische Betrachtungen religiöser Einflüsse

nach *Ibn Khaldūn* und *Gustave Le Bon*

Ali Seckin

Hauptfach: Islamische Theologie

5. Fachsemester

Inhaltsverzeichnis

1 Einleitung

Schon Kant sagte einst: „Der Staat ist ein Volk, das sich selbst beherrscht."[1] Diese Aussage im Umkehrschluss zu betrachten, eröffne die Einsicht in die Wirksamkeit des Volkes auf das staatliche Wirken. In der Muqaddima von Ibn Khaldūn heißt es: „Die wahre Bedeutung des Regierenden liegt darin, dass er Untertanen hat, und der Untertan ist der, der einen Regierenden hat. Die Eigenschaft, die ihm hinsichtlich seiner Beziehung zu den Untertanen zukommt, ist das, was man *Herrschaft* nennt, die Tatsache, dass er über sie herrscht."[2] Diese wechselseitige Beziehung zwischen dem richtungsweisenden Führer und dem Volk als eine Gesellschaft und eine Masse, ist ein psychologisches und soziologisches Phänomen, welches die Triebkraft der Völker bestimmt und seit Beginn der Menschheit auch somit ihre Tatkraft ermöglichte. Insbesondere in der heutigen Moderne zeigt sich mit der stets zunehmenden Anzahl der Weltbevölkerung die Wirksamkeit und Notwendigkeit der Erkenntnisse über die Massen.

Um einen genaueren Einblick in die Wirksamkeit der Massen zu ermöglichen, möchte ich in der vorliegenden Arbeit auf den Faktor des religiösen Einflusses eingehen, um zu verdeutlichen, inwiefern die religiösen Einflüsse und die damit vermittelten Überzeugungen Antrieb für das Handeln und die Entwicklung der Völker und Massen sind. Für die Betrachtung dieser Umstände möchte ich neben dem islamischen Gesellschaftsgelehrten Ibn Khaldūn, auf die Untersuchungen des Pioniers der modernen Massenpsychologie Gustave Le Bon eingehen. Da die Massenpsychologie die Entwicklungen und Verhaltensmuster der Massen betrachtet, grenzt sie als Forschungsgebiet an die Soziologie und überschneidet sich in vielen Dingen mit ihr, wodurch eine zusammenhängende Analyse begünstigt wird.

Des Weiteren werden in meiner Arbeit auch einige Philosophen einbezogen, die mit ihren Ergebnissen die Erkenntnisse der zuvor genannten Wissenschaftler bereichern können, da wie in der Arbeit noch ersichtlich werden kann, die Masse aus einzelnen Individuen besteht, und somit auch epistemische Vorgänge des Einzelnen die Makroebene zu erklären ermöglichen.

---

[1] Kant, Immanuel: *AA XXIII: Handschriftlicher Nachlaß,* Buch V. *Vorarbeiten zum Öffentlichen Recht,* Seite 347, Textkorpus der Universität Duisburg-Essen
[2] Ibn Khaldūn: *Die Muqaddima,* Übstz. von Alma Giese, C.H.Beck Verlag, München 2011, S. 209

2 Einführung in die Massenpsychologie

Die Massenpsychologie, die auf den Forschungen von Siegmund Freud, Wilhelm Reich und Gustave Le Bon aufbaut, beschäftigt sich mit dem Verhalten der Menschen in einer Masse. Dabei wird genauer untersucht, inwiefern die Masse als Gesamtheit und ihre Gruppendynamik das Individuum in der Masse beeinflussen können. Die verschiedenen Theorien versuchen die Wechselwirkung genauer zu erläutern, wobei alle wissenschaftlichen Ergebnisse die signifikante Intensität der Masse verdeutlichen. Es wird daher angenommen, dass jedes Individuum zur Mentalität der Masse beiträgt, aber das Endresultat einer *Massenseele*[3] (nach Le Bon) letztendlich als Summe aller Geisteshaltungen zu einer Haltung wird, die sich von dem eines jeden Individuums unterscheidet.

Nach Le Bon ist die Masse keine beliebige Versammlung einer großen Menschenmenge. Sie benötigt auch kein notwendiges physisches Zusammenkommen der einzelnen Menschen, sondern vielmehr geht es um eine verbindende Energie, die durch die gemeinsame Mentalität und Denkrichtung erreicht werden kann. Damit die Masse als psychologisches Phänomen, in dem die Persönlichkeit der einzelnen Mitglieder verschwindet und die Gefühle und Gedanken in eine gemeinsame konkrete Richtung gerichtet werden können, zustande kommen kann, bedarf es der Bildung einer Einheit, die durch gewisse Einwirkungen und Reize, welche auf die Menge angewandt werden, erreicht werden kann, die nun genauer zu erläutern sind.[4]

2.1 Affektivität der Massen

Die Grundannahme der Affektivität der Massen ist die Rückführung aller Reaktionen und Handlungsweisen auf das Unterbewusstsein. Dabei wird die Masse von äußeren Reizen gelenkt, die dann Antrieb zum Handeln werden. Die Kraft, die durch den Zusammenhalt zustande kommt und die Tatsache, dass jedes Individuum sich in der Masse als Glied und

---

[3] Vgl. Le Bon, Gustave: *Psychologie der Massen,* Übstz. von Rudolf Eisler, NIKOL Verlag, Hamburg 2015, 1. Buch, Kap. 1: Das psychologische Gesetz von ihrer seelischen Einheit
[4] Ebd. S. 29-32

nicht mehr als Persönlichkeit erlebt, impliziert auch die Überwindungskraft und die geringen Hemmbarrieren zu Straftaten und Gewalt.[5]

Die unterbewusste Grundlage der Masse muss notwendigerweise aufrechterhalten werden. Dies gelingt dadurch, dass Erwartungen und Gefühle auf die Masse übertragen werden. Dies wiederum gelingt durch Sinnbilder und rhetorische Anregungen, auf die im späteren Verlauf der Arbeit genauer eingegangen wird. Relevant für die Betrachtung der Umstände ist jedoch der Fakt, dass die gegenseitige Bestätigung eines Eindrucks die Dynamik und die Haltung der Masse ausmacht und zu entscheidenden Trugschlüssen führen kann, so dass die gesamte Masse eine offenbar unwahre Tatsache als deutliche Wahrheit bestätigt.[6]

2.2   Urteilskraft und Überzeugungen

Im Folgenden wird im Anschluss an die vorherigen Beschreibungen notwendig zu erläutern sein, inwiefern die Massen rationale Urteilskraft besitzen. Die Haltung der Masse bildet sich aus zwei Zugängen. Der erste Zugang sind die Grundideen, die sich in der Kultur und der sozialen und gesellschaftlichen Umgebung der jeweiligen Massen befinden. Diese bilden das Fundament der unterbewussten Überzeugungen. Der zweite Zugang sind die flüchtigen Ideen, die man im modernen Sinne als Trend oder kurzfristige Entwicklungstendenz bezeichnen kann. Diese üben schwache und auf Augenblicke beschränkte Wirkungen auf die Massen.[7] Um die Masse nun im Rahmen der Tendenzen zu beeinflussen, benötigt man Impulse und Zugänge, die leicht erfassbar sein müssen. Dabei geht es nicht darum, dass der Inhalt rational nachvollziehbar, sondern für die Masse leicht zu verarbeiten sein muss. Die Erklärung dieser Umstände ist die nachlassende Urteilskraft des Individuums in der Masse. Denn in seinem Anschluss an eine Masse bestätigt dieser die Richtigkeit der Urteile der Masse. Wenn also ein Reiz oder ein Einfluss durch geschickte Verknüpfungen bestimmter Sinnbilder auf die Masse trifft und sie die Gemüter im richtigen Maße erregt, dann folgt aus ihr die Bestätigung, die sich dann auf alle Individuen überträgt.[8]

---

[5] Vgl. Le Bon, Gustave: *Psychologie der Massen,* Übstz. von Rudolf Eisler, NIKOL Verlag, Hamburg 2015, 1. Buch, Kap. 2: Gefühle und Sittlichkeit der Massen S. 40-43
[6] Ebd. S. 43-53
[7] Vgl. Le Bon, Gustave: *Psychologie der Massen,* Übstz. von Rudolf Eisler, NIKOL Verlag, Hamburg 2015, 1. Buch, Kap. 3: Ideen, Urteile und Einbildungskraft der Massen S. 62
[8] Ebd. S. 63-67

So schrieben auch Horkheimer und Adorno bzgl. der Suggestion der modernen Konsumgesellschaft, dass die Urteilskraft des Menschen den vermittelten Werten unterliegt, die durch nicht rationale, aber für den einfachen Geist sinnlich leicht wahrnehmbare Verknüpfungen übertragen werden.[9]

Wenn die Masse die bisher genannten Zustände erreicht hat, nimmt sie eine Form ein, die Le Bon als die Form von religiösen Gefühlen bezeichnet. Unter religiösen Gefühlen versteht Le Bon „die Anbetung eines vermeintlich höheren Wesens, Furcht vor der Gewalt, die ihm zugeschrieben wird, blinde Unterwerfung unter seine Befehle, Unfähigkeit, seine Glaubenslehren zu untersuchen, die Bestrebung, sie zu verbreiten, die Neigung, alle als Feinde zu betrachten, die sie nicht annehmen."[10] [11] Entscheidend jedoch ist hierbei der Faktor, dass das kritische Denken und Reflektieren unter diesen Umständen verschwindet. So findet auch die Neigung zum Extremismus eine Erwähnung darin, dass jede Form einer Ideologie, sofern sie Intoleranz und Unverständnis ggü. anderen Denkweisen einnimmt und sich als die einzig zu vertretende Wahrheit ansieht, einen Zugang zum Extremismus begünstigen kann.

Aus den Betrachtungen der als religiösen Gefühle bezeichneten Geisteshaltung der Masse, wird daher als Erkenntnis gewonnen, dass eine Masse mit Zielen und Hoffnungen gelenkt werden muss. Die zuvor erwähnten Regungen und Gefühlslagen der Masse müssen mit einer Aussicht geschmückt werden, die den Menschen eine Art Resultat oder Belohnung für ihre aufgebrachte Energie verspricht.[12]

2.3   Einflussfaktoren auf die Massen

Nachdem die eingeschränkte Urteilskraft der Massen genauer betrachtet wurde, ist nun zu klären, welche Faktoren beim Einfluss auf die Massen eine Rolle spielen. Wie zuvor

---

[9] Siehe: Horkheimer, Max u. W. Adorno, Theodor: Dialektik der Aufklärung, Fischer Taschenbuch Verlag, Frankfurt am Main 2015, Kulturindustrie, Aufklärung als Massenbetrug, S. 152-158

[10] Le Bon, Gustave: *Psychologie der Massen,* Übstz. von Rudolf Eisler, NIKOL Verlag, Hamburg 2015, 1. Buch, Kap. 4: Die religiösen Formen, die alle Überzeugungen der Masse annehmen S. 73

[11] Es ist anzumerken, dass Gustave Le Bon sehr religionskritisch war. Dies zeigt sich aber nicht anhand einer Abneigung gegen Spiritualität, da er an vielen Stellen zugibt, dass es gewisse „magische" Kräfte gibt, die auf uns Wirkung ausüben, die nicht rational ergründbar sind. Vielmehr geht seine Abneigung auf die verschiedenen empirischen Forschungen zurück, die ihm den Eindruck hinterließen, dass religiöse Massen mit Unfähigkeit und geringem geistigen Potenzial in Verbindung stehen.

[12] Vgl. Le Bon, Gustave: *Psychologie der Massen,* Übstz. von Rudolf Eisler, NIKOL Verlag, Hamburg 2015, 1. Buch, Kap. 4: Die religiösen Formen, die alle Überzeugungen der Masse annehmen S. 75

erwähnt, wirken die kurzfristigen oder unmittelbaren Triebkräfte als Resultat der augenblicklichen Eindrücke der Masse. Die mittelbaren Triebkräfte sind jedoch das Resultat langfristiger Wirkungen, die durch die folgenden Einflussfaktoren zustande gebracht werden.[13]

2.3.1 Die Rasse

Unter der Rasse wird im engeren Sinne die kulturelle Identität verstanden. Diese beinhaltet die Glaubenslehren, die Einrichtungen und die Kunst- und Kulturgeschichte. Die kulturelle Zugehörigkeit gehört zu den stärksten Bestandteilen der Identitätsbildung. Sie beinhaltet den Einfluss der Gesellschaft in ihrer grundlegenden Form und wird somit auch von Anfang an an das Individuum der Gesellschaft übertragen.[14]

Diese Ansicht findet sich auch in der Muqaddima von Ibn Khaldūn wieder, der dieses Phänomen als Gruppensolidarität bezeichnet und es als grundlegende Kraft sieht, um Gesellschaften überhaupt aufbauen und zusammenhalten zu können.[15]

2.3.1.1 Die Überlieferungen

„Die Überlieferungen umfassen die Ideen, Bedürfnisse und Gefühle der Vorzeit. Sie bilden die Einheit der Rasse und lasten mit ihrem ganzen Gewicht auf uns."[16] Somit können diese als das Erbe verstanden werden, in welchem die Werte der Kultur/Rasse verankert sind und an die kommenden Generationen getragen werden können.

2.3.1.2 Die Zeit

Die Zeit ist der Faktor, der überhaupt ein Wertesystem bilden kann. Das Identitätsgefühl einer Kultur ist die Summe von bestimmten historischen Elementen. Mit dem Vergehen der Zeit werden alte Werte verdrängt und neue Werte aufgenommen. Da die Zeitspanne, aus der sich die Summe entwickelt, sehr umfangreich sein kann, ist der Beitrag in der

---

[13] Vgl. Le Bon, Gustave: *Psychologie der Massen,* Übstz. von Rudolf Eisler, NIKOL Verlag, Hamburg 2015, 2. Buch, Kap. 1: Entfernte Triebkräfte der Glaubenslehren und Meinungen der Massen S. 79

[14] Ebd. S. 80-81
[15] Ibn Khaldūn: *Die Muqaddima,* Übstz. von Alma Giese, C.H.Beck Verlag, München 2011, S. 209
[16] Le Bon, Gustave: *Psychologie der Massen,* Übstz. von Rudolf Eisler, NIKOL Verlag, Hamburg 2015, 2. Buch, Kap. 1: Entfernte Triebkräfte der Glaubenslehren und Meinungen der Massen S. 81

Gegenwart nur ein kleiner Schritt für die künftigen Entwicklungen der Rasse/Kultur. Insofern ist die Zeit für längerfristige Entwicklungsschritte zu berücksichtigen. Für die kurzfristigen Regungen und Gefühlslagen der zustande kommenden Massen ist nur die aus der Vergangenheit resultierende wirkende Summe von Bedeutung und wie man aus dieser Grundlage heraus unmittelbaren Einfluss ausüben kann. [17]

2.3.1.3 Vorstellungen von Einrichtungen und Bildung

Die nächsten Faktoren, die die wirkende Realität der Kultur beeinflussen, sind die Vorstellungen von den Einrichtungen, wie z. B. die politischen Verwaltungsinstanzen und das Bildungssystem und die damit vermittelten Ideale einer gebildeten Persönlichkeit. Unter die politischen Instanzen fallen z. B. die Staatsform, die Verfassung, die Ministerien usw. Ihre Wirkung sei nicht von der Form, die sie einnehmen, sondern vielmehr von den Werten, die sie im Rahmen der gesellschaftlichen Struktur vorfinden, abhängig. Dies bedeutet, dass die politische Ausrichtung des Landes an das gültige Wertesystem gekoppelt ist. So erwähnt Le Bon, dass England eine Monarchie besitzt und dennoch demokratischer ist, als viele Länder mit demokratischen Verfassungen. [18]

So ist es auch mit dem Bildungssystem, welche in ihrer bildenden Funktion der Erwartung der Gesellschaft, den kommenden Generationen das Wertesystem zu übertragen, nachzukommen versucht. [19]

2.3.2 Unmittelbare Einflüsse

2.3.2.1 Metapher und Rhetorik

Was die Metapher angeht, so sind sie begriffliche Verknüpfungen, die auch der wirkenden Realität zu entnehmen sind. Dabei handelt es sich um die Bilder, die durch bestimmte Worte wie z. B. Demokratie, Sozialismus, Gleichheit, Freiheit u. a. hervorgerufen werden. Es handelt sich hierbei um umfangreichere Begriffe, die sich nicht sehr leicht definieren lassen und daher der gegenwärtigen Bedeutung entsprechend verwendet werden. Sie beinhalten positive oder negative Assoziationen, die mit verschiedenen Gefühlen wie

---

[17] Ebd. S. 84-85
[18] Ebd. S. 86
[19] Ebd. S. 89-97

Angst und Hoffnung verbunden sind. Dies ermöglicht den Rednern und Führern die Zugänge zu der Affektivität der Massen.[20]

2.3.2.2 Die Erfahrung und die Vernunft

Die einfachste Methode, die sich in der Natur des Menschen befindet, um eine Wirkung auf die Überzeugungen zu erzielen, ist die der empirischen Wahrnehmung. Was sich den Menschen durch Erfahrung als wirksam beweist, ist der logischen Kausalität gemäß als richtig anzunehmen. Derjenige, der in einem gewissen Bereich im Leben Erfolg hat und nun vom Rezept des Erfolges spricht, dem wird Glauben geschenkt, egal ob seine Aussagen irrational oder stumpfsinnig sind. So ist die unmittelbare Erfahrung ein weitaus wichtigerer Faktor als rationale Argumentationen. Es sei daher auch nicht möglich, so Le Bon, den Massen rationale Kausalitäten und Argumente vorzubringen, da diese das intellektuelle Mitdenken voraussetzen, welches im Rahmen der Affektivität wirkungsschwach wird, wie bisher schon behandelt wurde.[21]

2.3.3 Die Führer

Nachdem die bisher genannten Einflüsse behandelt wurden, ist nun zu untersuchen, wer sie anwenden kann und auf welchem Wege diese in Anwendung gebracht werden können. Le Bon sagt, dass die Massen einen Führer aus ihrer Notwendigkeit heraus bilden. Dies ergebe sich aus der natürlichen Beschaffenheit des Menschen und wie er sich organisiert.[22] Diese Ansicht vertritt ebenfalls Ibn Khaldūn in seiner Muqaddima, wo er davon spricht, dass die Menschen eine Führung aus ihrer zustande kommenden gesellschaftlichen Lage hervorbringen.[23]

Den Führer zeichnet nach Le Bon in erster Linie seine Willensstärke aus. Da eine Masse, wie bereits erwähnt, einen gemeinsamen Willen bzw. eine gemeinsame Ambition besitzt und sie daher automatisch dem gegenüber Gehorsam äußert, der sich als der Willensstärkste herauskristallisiert. Dies ist mit den bisher genannten Hoffnungen

---

[20] Le Bon, Gustave: *Psychologie der Massen,* Übstz. von Rudolf Eisler, NIKOL Verlag, Hamburg 2015, 2. Buch, Kap. 2: Unmittelbare Triebkräfte der Anschauungen der Massen S. 98-104
[21] Ebd. S. 108-111
[22] Le Bon, Gustave: *Psychologie der Massen,* Übstz. von Rudolf Eisler, NIKOL Verlag, Hamburg 2015, 2. Buch, Kap. 3: Die Führer der Masse und ihre Überzeugungsmittel S. 111
[23] Ibn Khaldūn: *Die Muqaddima,* Übstz. von Alma Giese, C.H.Beck Verlag, München 2011, S. 160-162

verbunden, da die Masse durch den Gehorsam gegenüber einen willensstarken Führer erhofft, dass er sie zu ihrem Ziel begleitet.[24]

Zu den Übertragungsmitteln der Führer gehört in erster Linie die Rede als Instrument der Übertragung. Entscheidend bei der rhetorischen Übertragung ist die Haltung und die Stilistik des Redners. Er nutzt Mittel wie Beschuldigungen und Behauptungen und versucht diese auf emotionale Art und Weise in die Gemüter der Menschen zu pflanzen, welche dann in der Masse fruchten und in kürzester Zeit zu einer Gewissheit werden, die sich durch die Bestätigung der einzelnen Teilnehmer dann in die Gemüter aller Teilnehmer verbreitet.[25] Als letzte Eigenschaft nennt Le Bon dann den als Nimbus (*le prestige*) übersetzten besonderen Grad eines Redners. Dies sei eine „magische" Art, wie es nur bei den wenigsten Führern zu sehen war und die Menschen durch unerklärbare Wege in den Bann zog. Diese schreibt er großen Männern wie den Religionsgründern zu.[26]

Arthur Schopenhauer sagt bzgl. der Beredsamkeit:

„Beredsamkeit ist die Fähigkeit, unsere Ansicht einer Sache oder unsere Gesinnung hinsichtlich derselben auch in andern zu erregen, unser Gefühl darüber in ihnen zu entzünden und sie in Sympathie mit uns zu versetzen; dies alles aber dadurch, daß wir mittels Worten den Strom unserer Gedanken in ihren Kopf leiten mit solcher Gewalt, daß er den ihrer eigenen von dem Gange, den sie bereits genommen, ablenkt und in seinem Lauf mit fortreißt."[27]

Somit wurden die Zugänge, Mittel und Vermittler der mit den Massen verbundenen Entwicklungsprozesse erläutert und dargestellt. Der religionskritische Psychologe Le Bon urteilt im Rahmen dieser ganzen Betrachtungen nicht über die Wirkungskraft von religiösen Führern, beschreibt diese aber als sonderbar und mit einer Wirkung, die nicht den normalen Umständen entspricht. Auch wenn dieses Werk diese Einflusskraft der Religion mit einem kritischen Auge betrachtet, bietet die empirische Forschung die Erkenntnis, inwiefern Religion als kulturelles und gesellschaftliches Einflussmittel an Geltung besitzt. Dies eröffnet uns im Rahmen religionssoziologischer Betrachtungen den Zugang zu der Fragestellung, inwiefern die Religion als kultivierender Faktor genutzt

---

[24] Le Bon, Gustave: *Psychologie der Massen,* Übstz. von Rudolf Eisler, NIKOL Verlag, Hamburg 2015, 2. Buch, Kap. 3: Die Führer der Masse und ihre Überzeugungsmittel S. 112-117
[25] Ebd. S. 117-122
[26] Ebd. S. 122-131
[27] Schopenhauer, Arthur: *Die Welt als Wille und Vorstellung,* NIKOL Verlag, Hamburg 2014, Ergänzungen zum ersten Buch, Kap. 11: Zur Rhetorik S. 622-623

werden kann und welche Vorteile sich in diesem Ansatz befinden. Um auf diese Fragestellung einzugehen, werde ich im nächsten Kapitel versuchen, die konkreteren Betrachtungen von Ibn Khaldūn einzubeziehen, in denen er auf die Kultivierung der Nomaden durch die Religion eingeht.

3 Kultivierung der Völker durch Religiosität

Um ein Volk kultivieren zu können, muss es vor allen Dingen aufnahmefähig sein. Je mehr gesellschaftlich anerkannte Werte die Urteilskraft des Individuums in eine voreingenommene Richtung lenken, umso schwieriger kann ein (weiteres) Wertesystem übernommen werden. Die Ursache liegt in der Voreingenommenheit durch die bisher vermittelten Werte. Ein Individuum, welches erzogen werden soll, nimmt die Informationen und Werte erst einmal so auf, wie es die Erzieher und die Gesellschaft vermitteln. Das erste Urteil über einen Umstand ist somit das angenommene Urteil und es wird nicht revidiert, solange das Individuum mit diesem Urteil nicht in Konflikt gerät und kritisch darüber reflektiert. So ist es auch mit Gesellschaften, welche schon viele Wertevorstellungen beinhalten. Um solche gesellschaftlich anerkannten Wertevorstellungen revidieren zu können, muss der Prozess der kritischen Reflektion im umfangreichen und gesellschaftlichen Sinne geschehen, welcher wie schon bereits in den Untersuchungen von Le Bon dargestellt, eine gewisse Zeit in Anspruch nimmt. Somit sind die am einfachsten zu kultivierenden Völker die, die in den meisten Bereichen keine Urteile gebildet haben und somit auch keine Voreingenommenheit überwinden müssen.[28]

3.1   Das Verhältnis der Nomaden zur Religiosität

Ibn Khaldūn erwähnt in seiner Muqaddima, dass die nomadischen Völker in ihrer Natur wild und bestrebt nach Herrschaft sind. Daraus folgt, dass es schwieriger ist, sie von außen zu bändigen, da sie meistens eine innere familiäre Struktur haben, die von starker Gruppensolidarität geprägt ist. Jedoch zeichnet sie neben ihrer wilden Art und Weise die damit verbundene Unwissenheit und Naivität aus, was sie weniger kritisch gegenüber spirituellen und religiösen Zugängen macht. So sagt Ibn Khaldūn, dass die nomadischen Völker den religiösen Ruf eines Propheten oder eines religiösen Führers am ehesten annehmen, weil die natürliche Neigung zur Spiritualität und zum Glauben nicht durch die

---

[28] Ibn Khaldūn: *Die Muqaddima*, Übstz. von Alma Giese, C.H.Beck Verlag, München 2011, S. 139

weltlichen Einschränkungen verdorben wurde.[29] Das heißt nicht, dass die Religion für naive und unwissende Menschen ist, sondern dass vielmehr durch Lebenserfahrung und Wissen eine tendenzielle Vorsicht ggü. anderen Dingen entwickelt wird und man der weltlichen Kausalität ausgesetzt ist. So ist der Geist in seiner Beschäftigung mit der Welt eingeschränkt in der Lage, der ihr zu Grunde liegenden Neigungen und Sehnsüchte nach spiritueller Tätigkeit nachzugehen.[30]

3.2   Religion als gemeinsamer Nenner

Der Grund, warum die Religiosität eine stabilisierende Wirkung auf die Gesellschaften haben kann ist der, dass die Menschen ihre persönlichen Neigungen und Interessen durch die Verbundenheit durch die Religion in den Hintergrund verfallen lassen können. Die Religion, als Zugang zur Spiritualität und als Aussicht auf ein ewiges Heil, vermittelt somit die Wichtigkeit des Strebens nach diesem ewigen Heil und die Unwichtigkeit der weltlichen und vergänglichen Interessen. Wenn diese Einstellung von einer Gesellschaft übernommen wird, ergibt sich daraus der Verfall von falschem Stolz und anderen Untugenden, die die Konfliktlösungen und die Verbesserungen innerhalb einer Gesellschaft verhindern. Durch die Religion wird somit ein gemeinsamer Nenner erzeugt, der die Sorgen und Probleme der Menschen relativiert und höhere Ziele und Aussichten bietet.

4 Schlussbetrachtung

Wie den bisherigen Untersuchungen und Erkenntnissen zu entnehmen ist, ist der Einfluss der Religion ein unumstrittener Fakt. Doch ist die Religion wie jede andere Ideologie nicht von der Tatsache verschont, mit der Zeit zu einem oberflächlichen Merkmal eines Volkes zu werden. Wenn ein Volk mit Überzeugung an einer Idee festhält, dann wird diese Idee auch in das Wertesystem des Volkes aufgenommen und bestimmt somit das Denken der kommenden Generationen, von denen man annehmen kann, dass sie die Ideen ihrer

---

[29] Ebd. S. 175
[30] S. hierzu: Descartes, René: *Die Meditationen über die erste Philosophie des René Descartes,* Felix Meiner Verlag, Hamburg 2009, *Vierte Meditation*

Vorväter aus Prinzip befürworten werden, ohne dass sie unbedingt tiefgehendes Wissen darüber besitzen. Und somit wird Religion nach einer gewissen Zeit nicht nur in Form von Überzeugung zu finden sein, sondern als Bestandteil des Wertesystems eines Volkes oder einer Kultur. Wenn dies also geschieht, rücken die von der Religion vermittelten Werte in den Hintergrund und die oberflächliche Zugehörigkeit bleibt bestehen, weil dies der geringste anerzogene Wert in dieser Gesellschaft ist.

Und da die Religion dann am Ende als gemeinsamer Nenner vorhanden sein kann, ist auch die Einigung der Menschen unter diesem Banner möglich, ohne dass sie großartige Vertreter von ihr wären. Es wird nur das Gefühl von Zugehörigkeit benötigt, um die Menschen unter einer Idee zu vereinen. Dieses psychologische Phänomen sei daher auch nicht einem Urteil von gut und schlecht ausgesetzt, sondern vielmehr als neutrale Funktion und Wirkung der Menschen zu betrachten. Da dies aber von der Intention der Führung und des Einsatzes abhängt, kann solcherlei Unterfangen im positiven als auch im negativen Sinne eingesetzt werden. Dieser Umstand, sei es von religiöser oder politischer Natur, war immer der grundlegende Mechanismus, um Führung zu erhalten und umzusetzen. Insofern sei es nicht die Schuld der sich Unterordnenden, sondern vielmehr das Resultat des Führenden, der die Wirkung der Massen und Gesellschaften durch seine Führungsqualitäten zu bestimmen hat.

So sei zusammenfassend gesagt, dass die Religion kultivierender Natur sein kann, wenn sie mit ihren Werten zusammen gelebt wird. Wenn sie jedoch nur als vereinender Faktor genutzt wird, ist es dann nicht mehr relevant, welche Werte oder welcher Begriff der vereinende Faktor in seinem Ursprung besitzt, da das Resultat der vereinten Massen nur noch in der Hand des Führenden liegt. Lenkt dieser die Massen zu guter Wirkung, so wirkt sie auch gut und wenn er sie zu schlechten Wirkungen lenkt, so wirken sie auch demgemäß schlecht.

Die Frage, ob Religion in der Kultivierung der Menschen nun nützlich oder schädlich wirken kann, ist somit differenziert zu beantworten. Ist man den Werten treu, so werden sie die Kultivierung und die Tugendhaftigkeit hervorbringen, vorausgesetzt dass die jeweilige Religion auch solcherlei Werte besitzt. Aber wenn sie nun als Faktor genutzt werden, um die Menschen für das eigene Interesse zu vereinen, dann ist nicht mehr relevant, ob es sich um eine Religion oder andere Ideologie handelt. Denn ab dem Zustand liegt die Bestimmung in der Hand der Führungsperson.

5 Literaturverzeichnis

Kant, Immanuel: *AA XXIII: Handschriftlicher Nachlaß,* Buch V. *Vorarbeiten zum Öffentlichen Recht,* Textkorpus der Universität Duisburg-Essen

Giese, Alma: *Die Muqaddima. Betrachtung zu Weltgeschichte,* München: C.H.Beck OHG, 2011

Le Bon, Gustave: *Psychologie der Massen,* Übstz. von Rudolf Eisler, NIKOL Verlag, Hamburg 2015

Le Bon, Gustave: *The Crowd – A Study of the Popular Mind,* Batoche Books, Kitchener 2001

Ibn Khaldūn: *The Muqaddima,* Übstz. von Franz Rosenthal, Princeton University Press, New Jersey 1967

Horkheimer, Max u. W. Adorno, Theodor: *Dialektik der Aufklärung,* Fischer Taschenbuch Verlag, Frankfurt am Main 2015

Schopenhauer, Arthur: *Die Welt als Wille und Vorstellung,* NIKOL Verlag, Hamburg 2014

Descartes, René: *Die Meditationen über die erste Philosophie des René Descartes,* Felix Meiner Verlag, Hamburg 2009

Andere wissenschaftliche Texte (Arbeiten & Dissertationen)

Toppe, Jana: *Massenpsychologie und Weltuntergang,* Freie Universität Berlin, Berlin 2012

Reicher, Stephen: *The Psychology of Crowd Dynamics,* School of Psychology University of St. Andrews, St. Andrews 2001